Jean le Rond d'Alembert

Lettre de d'Alembert à Rousseau

lettre

ISBN : 978-1515346289

10 9 8 7 6 5 4 3 2 1

Jean le Rond d'Alembert

Lettre de d'Alembert à Rousseau

lettre

La lettre que vous m'avez fait l'honneur de m'adresser, monsieur, sur l'article Genève de l'encyclopédie, a eu tout le succès que vous deviez en attendre. En intéressant les philosophes par les vérités répandues dans votre ouvrage, et les gens de goût par l'éloquence et la chaleur de votre style, vous avez encore su plaire à la multitude par le mépris même que vous témoignez pour elle, et que vous eussiez peut-être marqué davantage en affectant moins de le montrer.

Je ne me propose pas de répondre précisément à votre lettre, mais de m'entretenir avec vous sur ce qui en fait le sujet, et de vous communiquer mes réflexions bonnes ou mauvaises ; il seroit trop dangereux de lutter contre une plume telle que la vôtre, et je ne cherche point à écrire des choses brillantes, mais des choses vraies.

Une autre raison m'engage à ne pas demeurer dans le silence ; c'est la reconnoissance que je vous dois des égards avec lesquels vous m'avez combattu. Sur ce point seul je me flatte de ne vous point céder. Vous avez donné aux gens de lettres un exemple digne de vous, et qu'ils imiteront peut-être enfin quand ils connoîtront mieux leurs vrais intérêts. Si la satyre et l'injure n'étoient pas aujourd'hui le ton favori de la critique, elle eroit plus honorable à ceux qui l'exercent, et plus utile à ceux qui en ont l'objet. On ne craindroit point de s'avilir en y répondant ; on ne songeroit qu'à s'éclairer avec une candeur et une estime réciproque ; la vérité seroit connue, et personne ne seroit offensé ; car c'est moins la vérité qui blesse, que la maniere de la dire.

Vous avez eu dans votre lettre trois objets principaux ; d'attaquer les spectacles pris en eux-mêmes ; de montrer que quand la morale pourroit les tolérer, la constitution de Genève ne lui permettroit pas d'en avoir ; de justifier enfin les pasteurs de votre église sur les sentimens que je leur ai attribués en matiere de religion. Je suivrai ces trois objets avec vous, et je m'arrêterai d'abord sur le premier, comme sur celui qui intéresse le plus grand nombre des lecteurs. Malgré l'étendue de la matiere, je tâcherai d'être le plus court qu'il me sera possible ; il n'appartient qu'à vous d'être long et d'être lû, et je ne dois pas me flatter d'être aussi heureux en écarts.

Le caractere de votre philosophie, monsieur, est d'être ferme et inexorable dans sa marche. Vos principes posés, les conséquences sont ce qu'elles peuvent ; tant pis pour nous si elles sont fâcheuses ;

mais à quelque point qu'elles le soient, elles ne vous le paroissent jamais assez pour vous forcer à revenir sur les principes. Bien loin de craindre les objections qu'on peut faire contre vos paradoxes, vous prévenez ces objections en y répondant par des paradoxes nouveaux. Il me semble voir en vous (la comparaison ne vous offensera pas sans doute) ce chef intrépide des réformateurs, qui pour se défendre d'une hérésie en avançoit une plus grave, qui commença par attaquer les indulgences, et finit par abolir la messe. Vous avez prétendu que la culture des sciences et des arts est nuisible aux moeurs ; on pouvoit vous objecter que dans une société policée cette culture est du moins nécessaire jusqu'à un certain point, et vous prier d'en fixer les bornes ; vous vous êtes tiré d'embarras en coupant le noeud, et vous n'avez cru pouvoir nous rendre heureux et parfaits, qu'en nous réduisant à l'état de bêtes. Pour prouver ce que tant d'opéras françois avoient si bien prouvé avant vous, que nous n'avons point de musique, vous avez déclaré que nous ne pouvions en avoir, et que si nous en avions une, ce seroit tant pis pour nous. Enfin, dans la vue d'inspirer plus efficacement à vos compatriotes l'horreur de la comédie, vous la représentez comme une des plus pernicieuses inventions des hommes, et pour me servir de vos propres termes, comme un divertissement plus barbare que les combats des gladiateurs. Vous procédez avec ordre, et ne portez pas d'abord les grands coups. à ne regarder les spectacles que comme un amusement, cette raison seule vous paroît suffire pour les condamner. la vie est si courte, dites-vous, et le tems si précieux. Qui en doute, monsieur ? Mais en même tems la vie est si malheureuse, et le plaisir si rare ! Pourquoi envier aux hommes, destinés presque uniquement par la nature à pleurer et à mourir, quelques délassemens passagers, qui les aident à supporter l'amertume ou l'insipidité de leur existence ! Si les spectacles, considérés sous ce point de vue, ont un défaut à mes yeux, c'est d'être pour nous une distraction trop légère et un amusement trop foible, précisément par cette raison qu'ils se présentent trop à nous sous la seule idée d'amusement, et d'amusement nécessaire à notre oisiveté. L'illusion se trouvant rarement dans les représentations théatrales, nous ne les voyons que comme un jeu qui nous laisse presque entièrement à nous. D'ailleurs le plaisir superficiel et momentané qu'elles peuvent produire, est encore affoibli par la nature de ce plaisir même, qui tout imparfait qu'il est, a l'inconvénient d'être trop recherché, et, si on peut parler de la sorte, appellé de trop loin. Il a fallu, ce me semble, pour imaginer un pareil genre de divertissement, que les hommes en eussent auparavant essayé et usé de bien des especes ; quelqu'un qui s'ennuyoit cruellement (c'étoit vraisemblablement un prince) doit avoir eu la premiere idée de cet amusement rafiné, qui consiste à représenter sur des planches les infortunes et les travers de nos semblables pour nous consoler ou nous guérir des nôtres, et à nous rendre spectateurs de la vie, d'acteurs que nous y sommes, pour nous en adoucir le poids et les malheurs. Cette réflexion triste vient quelquefois troubler le plaisir que je goûte au théatre ; à travers les impressions agréables de la scene, j'apperçois de tems en tems malgré moi et avec une sorte de chagrin l'empreinte fâcheuse de son origine ; surtout dans ces momens de repos, où l'action suspendue et refroidie laissant l'imagination tranquille, ne montre plus que la représentation au lieu de la chose, et l'acteur au lieu du personnage. Telle est, monsieur, la triste destinée de l'homme jusque dans les plaisirs même ; moins il peut s'en passer, moins il les goûte ; et plus il y met de soins et d'étude, moins leur impression est sensible. Pour nous en convaincre par un exemple encore plus frappant que celui du théatre, jettons les yeux sur ces maisons décorées par la vanité et par l'opulence, que le vulgaire croit un séjour de délices, et où les rafinemens d'un luxe recherché brillent de toutes parts ; elles ne rappellent que trop souvent au riche blazé qui les a fait construire, l'image importune de l'ennui qui lui a rendu ces rafinemens né-cessaires. Quoi qu'il en soit, monsieur, nous avons trop besoin de plaisirs, pour nous rendre difficiles sur le nombre ou sur le choix. Sans doute tous nos divertissemens forcés et factices, inventés et mis en usage par l'oisiveté, sont bien au-dessous des plaisirs si purs et si simples que devroient nous offrir les devoirs de citoyen, d'ami, d'époux, de fils, et de pere : mais rendez-nous donc, si vous le pouvez, ces devoirs moins pénibles et moins tristes ; ou souffrez qu'après les avoir remplis de notre mieux, nous nous consolions de notre mieux aussi des chagrins qui les accompagnent. Rendez les peuples plus heureux, et par conséquent les citoyens moins rares, les amis plus sensibles et plus constans, les peres plus justes, les enfans plus tendres, les femmes plus fideles et plus vraies ; nous ne chercherons point alors d'autres plaisirs que ceux qu'on goûte au sein de l'amitié, de la patrie, de la nature et de l'amour. Mais il y a longtems, vous le savez, que le siecle d'Astrée n'existe plus que dans les fables, si même il a jamais existé ailleurs. Solon disoit qu'il avoit donné aux athéniens, non les meilleures lois en elles-mêmes, mais les meilleures qu'ils pussent observer. Il en est ainsi des devoirs qu'une saine philosophie prescrit aux hommes, et des plaisirs qu'elle leur permet. Elle doit nous supposer et nous prendre tels que nous sommes, pleins de passions et de foiblesses, mécontens de nous-mêmes et des autres, réunissant à un penchant naturel pour l'oisiveté, l'inquiétude et l'activité dans les desirs. Que reste-t-il à faire à la philosophie, que de pallier à nos yeux par les distractions qu'elle nous offre, l'agitation qui nous tourmente ou la langueur qui nous consume ? Peu de personnes ont, comme vous, monsieur, la force de chercher leur bonheur dans la triste et uniforme tranquillité de la solitude. Mais cette ressource ne vous manque-t-elle jamais à vous-même ? N'éprouvez-vous jamais au sein du repos, et quelquefois du travail, ces momens de dégoût et d'ennui qui rendent nécessaires les délassemens ou les distractions ? La société seroit d'ailleurs trop malheureuse, si tous ceux qui peuvent se suffire ainsi que vous, s'en bannissoient par un exil volontaire. Le sage en fuyant les hommes, c'est-à-dire, en évitant de s'y livrer ; (car c'est la seule maniere dont il doit les fuir), leur est au moins redevable de ses instructions et de son exemple ; c'est au milieu de ses semblables que l'être suprême lui a marqué son séjour, et il n'est pas plus permis aux philosophes qu'aux rois d'être hors de chez eux.

Je reviens aux plaisirs du théatre. Vous avez laissé avec raison aux déclamateurs de la chaire, cet argument si rebattu contre les spectacles, qu'ils sont contraires à l'esprit du christianisme, qui nous oblige de nous mortifier sans cesse. On s'interdiroit sur ce principe les délassemens que la religion condamne le moins. Les solitaires austeres de port royal, grands prédicateurs de la mortification chrétienne, et par cette raison grands adversaires de la comédie, ne se refusoient pas dans leur solitude, comme l'a remarqué Racine, le plaisir de faire des sabots, et celui de tourner les jésuites en ridicule.

Il semble donc que les spectacles, à ne les considérer encore que du côté de l'amusement, peuvent être accordés aux hommes, du moins comme un jouet qu'on donne à des enfans qui souffrent. Mais ce n'est pas seulement un jouet qu'on a prétendu leur donner, ce sont des leçons utiles déguisées sous l'apparence du plaisir. Non-seulement on a voulu distraire de leurs peines ces enfans adultes ; on a voulu que ce théatre, où ils ne vont en apparence que pour rire ou pour pleurer, devînt pour eux, presque sans qu'ils s'en apperçussent, une école de moeurs et de vertu. Voilà, monsieur, de quoi vous croyez le théatre incapable ; vous lui attribuez même un effet absolument contraire, et vous prétendez le prouver.

Je conviens d'abord avec vous, que les écrivains dramatiques ont pour but principal de plaire, et que celui d'être utiles est tout au plus le second ; mais qu'importe, s'ils sont en effet utiles, que ce soit leur premier ou leur second objet ? Soyons de bonne foi, monsieur, avec nous-mêmes, et convenons que les auteurs de théatre n'ont rien en cela qui les distingue des autres. L'estime publique est le but principal de tout écrivain ; et la premiere vérité qu'il veut apprendre à ses lecteurs, c'est qu'il est digne de cette estime. En vain affecteroit-il de la dédaigner dans ses ouvrages ; l'indifférence se tait, et ne fait point tant de bruit ; les injures même dites à une nation ne sont quelquefois qu'un moyen plus piquant de se rappeller à son souvenir. Et le fameux cynique de la grece eût bientôt quitté ce tonneau d'où il bravoit les préjugés et les rois, si les athéniens eussent passé leur chemin sans le regarder et sans l'entendre. La vraie philosophie ne consiste point à fouler aux pieds la gloire, et encore moins à le dire, mais à n'en pas faire dépendre son bonheur, même en tâchant de la mériter. On n'écrit donc, monsieur, que pour être lu, et on ne veut être lu que pour être estimé ; j'ajoute, pour être estimé de la multitude, de cette multitude même, dont on fait d'ailleurs (et avec raison) si peu de cas. Une voix secrete et importune nous crie, que ce qui est beau, grand et vrai, plaît à tout le monde, et que ce qui n'obtient pas le suffrage général, manque apparemment de quelqu'une de ces qualités. Ainsi quand on cherche les éloges du vulgaire, c'est moins comme une récompense flatteuse en elle-même, que comme le gage le plus sûr de la bonté d'un ouvrage. L'amour propre qui n'annonce que des prétentions modérées, en déclarant qu'il se borne à l'approbation du petit nombre, est un amour propre timide qui se console d'avance, ou un amour propre mécontent qui se console après coup. Mais quel que soit le but d'un écrivain, soit d'être loué, soit d'être utile, ce but n'importe guere au public ; ce n'est point là ce qui regle son jugement, c'est uniquement le degré de plaisir ou de lumiere qu'on lui a donné. Il honore ceux qui l'instruisent, il encourage ceux qui l'amusent, il applaudit ceux qui l'instruisent en l'amusant. Or les bonnes pieces de théatre me paroissent réunir ces deux derniers avantages. C'est la morale mise en action, ce sont les préceptes réduits en exemples ; la tragédie nous offre les malheurs produits par les vices des hommes, la co- médie les ridicules attachés à leurs défauts ; l'une et l'autre mettent sous les yeux ce que la morale ne montre que d'une maniere abs- traite et dans une espece de lointain. Elles développent et fortifient par les mouvemens qu'elles excitent en nous, les sentimens dont la nature a mis le germe dans nos ames.

On va, selon vous, s'isoler au spectacle, on y va oublier ses proches, ses concitoyens et ses amis. Le spectacle est au contraire celui de tous nos plaisirs qui nous rappelle le plus aux autres hommes, par l'image qu'il nous présente de la vie humaine, et par les im- pressions qu'il nous donne et qu'il nous laisse. Un poëte dans son enthousiasme, un géometre dans ses méditations profondes, sont bien plus isolés qu'on ne l'est au théatre. Mais quand les plaisirs de la scene nous feroient perdre pour un moment le souvenir de nos semblables, n'est-ce pas l'effet naturel de toute occupation qui nous attache, de tout amusement qui nous entraîne ? Combien de mo- mens dans la vie où l'homme le plus vertueux oublie ses compa- triotes et ses amis sans les aimer moins ; et vous-même, monsieur, n'auriez-vous renoncé à vivre avec les vôtres que pour y penser toujours ?

Vous avez bien de la peine, ajoutez-vous, à concevoir cette regle de la poétique des anciens, que le théatre purge les passions en les excitant. La regle, ce me semble, est vraie, mais elle a le défaut d'être mal énoncée ; et c'est sans doute par cette raison qu'elle a produit tant de disputes, qu'on se seroit épargnées si on avoit vou- lu s'entendre. Les passions dont le théatre tend à nous garantir ne sont pas celles qu'il excite ; mais il nous en garantit en excitant en nous les passions contraires ; j'entends ici par passion, avec la plupart des écrivains de morale, toute affection vive et profonde, qui nous attache fortement à son objet. En ce sens, la tragédie se sert des passions utiles et louables, pour réprimer les passions blâmables et nuisibles ; elle emploie, par exemple, les larmes et la compassion dans Zaïre, pour nous précautionner contre l'amour violent et jaloux ; l'amour de la patrie dans Brutus, pour nous guérir de l'ambition ; la terreur et la crainte de la vengeance céleste dans Sémiramis, pour nous faire haïr et éviter le crime. Mais si avec quelques philosophes on n'attache l'idée de passion qu'aux affections criminelles, il faudra pour lors se borner à dire, que le théâtre les corrige en nous rappellant aux affections naturelles ou vertueuses, que le créateur nous a données pour combattre ces mêmes passions. « Voilà, objectez-vous, un remede bien foible et cherché bien loin... etc. «

L'homme est naturellement bon, je le veux ; cette question demanderoit un trop long examen ; mais vous conviendrez du moins que la société, l'intérêt, l'exemple, peuvent faire de l'homme un être méchant. J'avoue que quand il voudra consulter sa raison, il trouvera qu'il ne peut être heureux que par la vertu ; et c'est en ce seul sens que vous pouvez regarder l'amour de la vertu comme inné dans nous, car vous ne croyez pas apparemment que le foetus et les enfans à la mammelle ayent aucune notion du juste et de l'injuste. Mais la raison ayant à combatre en nous des passions qui étouffent sa voix, emprunte le secours du théatre pour imprimer plus profondément dans notre ame les vérités que nous avons besoin d'apprendre. Si ces vérités glissent sur les scélérats décidés, elles trouvent dans le coeur des autres une entrée plus facile ; elles s'y fortifient quand elles y étoient déjà gravées ; incapables peut-être de ramener les hommes perdus, elles sont au moins propres à empêcher les autres de se perdre. Car la morale est comme la médecine ; beaucoup plus sûre dans ce qu'elle fait pour prévenir les maux, que dans ce qu'elle tente pour les guérir.

L'effet de la morale du théâtre est donc moins d'opérer un changement subit dans les coeurs corrompus, que de prémunir contre le vice les ames foibles par l'exercice des sentimens honêtes, et d'affermir dans ces mêmes sentimens les ames vertueuses. Vous appelez passagers et stériles les mouvemens que le théatre excite, parce que la vivacité de ces mouvemens semble ne durer que le tems de la piece ; mais leur effet, pour être lent et comme insensible, n'en est pas moins réel aux yeux du philosophe. Ces mouvemens sont des secousses par lesquelles le sentiment de la vertu a besoin d'être réveillé dans nous ; c'est un feu qu'il faut de tems en tems ranimer et nourrir pour l'empêcher de s'éteindre.

Voilà, monsieur, les fruits naturels de la morale mise en action sur le théatre ; voilà les seuls qu'on en puisse attendre. Si elle n'en a pas de plus marqués, croyez-vous que la morale réduite aux préceptes en produise beaucoup davantage ? Il est bien rare que les meilleurs livres de morale rendent vertueux ceux qui n'y sont pas disposés d'avance ; est ce une raison pour proscrire ces livres ? Demandez à nos prédicateurs les plus fameux combien ils font de conversions par an ; il vous répondront qu'on en fait une ou deux par siecle, encore faut-il que le siecle soit bon ; sur cette réponse leur défendrez-vous de prêcher, et à nous de les entendre ?

« Belle comparaison ! Direz-vous... etc. « Pourquoi non, monsieur, si on leur rend ces scélérats odieux dans leur triomphe même ? Peut-on mieux nous instruire à la vertu, qu'en nous montrant d'un côté les succès du crime, et en nous faisant envier de l'autre le sort de la vertu malheureuse ? Ce n'est pas dans la prospérité ni dans l'élévation qu'on a besoin d'apprendre à l'aimer, c'est dans l'abjection et dans l'infortune. Or sur cet effet du théatre j'en appelle avec confiance à votre propre témoignage ; interrogez les spectateurs l'un après l'autre au sortir de ces tragédies que vous croyez une école de vice et de crime ; demandez-leur lequel ils aimeroient mieux être, de Britannicus ou de Néron, d'Atrée ou de Thieste, de Zopire ou de Mahomet ; hésiteront-ils sur la réponse ? Et comment hésiteroient-ils ? Pour nous borner à un seul exemple, quelle leçon plus propre à rendre le fanatisme exécrable, et à faire regarder comme des monstres ceux qui l'inspirent, que cet horrible tableau du quatrieme acte de Mahomet, où l'on voit Seïde, égaré par un zele affreux, enfoncer le poignard dans le sein de son pere ? Vous voudriez, monsieur, bannir cette tragédie de notre théatre ? Plût à Dieu qu'elle y fût plus ancienne de deux cens ans ! L'esprit philosophique qui l'a dictée seroit de même date parmi nous, et peut-être eût épargné à la nation françoise, d'ailleurs si paisible et si douce, les horreurs et les atrocités religieuses auxquelles elle s'est livrée. Si cette tragédie laisse quelque chose à regretter aux sages, c'est de n'y voir que les forfaits causés par le zele d'une fausse religion, et non les malheurs encore plus déplorables, où le zele aveugle pour une religion vraie peut quelquefois entraîner les hommes.

Ce que je dis ici de Mahomet, je crois pouvoir le dire de même des autres tragédies qui vous paroissent si dangereuses. Il n'en est, ce me semble, aucune qui ne laisse dans notre ame après la représentation, quelque grande et utile leçon de morale plus ou moins développée.

Je vois dans Oedipe un prince, fort à plaindre sans doute, mais toujours coupable, puisqu'il a voulu contre l'avis même des dieux, braver sa destinée ; dans Phedre une femme que la violence de sa passion peut rendre malheureuse, mais non pas excusable, puisqu'elle travaille à perdre un prince vertueux dont elle n'a pu se faire aimer ; dans Catilina, le mal que l'abus des grands talens peut faire au genre humain ; dans Médée et dans Atrée les effets abominables de l'amour criminel et irrité, de la vengeance et de la haine. D'ailleurs quand ces pieces ne nous enseigneroient directement aucune vérité morale, seroient elles pour cela blâmables ou pernicieuses ? Il suffiroit pour les justifier de ce reproche, de faire attention aux sentimens louables, ou tout au moins naturels, qu'elles excitent en nous ; Oedipe et Phedre l'attendrissement sur nos semblables, Atrée et Médée le frémissement et l'horreur. Quand nous irions à ces tragédies, moins pour être instruits que pour être remués, quel seroit en cela notre crime et le leur ? Elles seroient pour les honnêtes gens, s'il est permis d'employer cette comparaison, ce que les supplices sont pour le peuple, un spectacle où ils assisteroient par le seul besoin que tous les hommes ont d'être émus. C'est en effet ce besoin, et non pas, comme on le croit communément, un sentiment d'inhumanité qui fait courir le peuple aux exécutions des criminels. Il voit au contraire ces exécutions avec un mouvement de trouble et de pitié, qui va quelquefois jusques à l'horreur et aux larmes. Il faut à ces ames rudes, concentrées et grossieres, des secousses fortes pour les ébranler. La tragédie suffit aux ames plus délicates et plus sensibles ; quelquefois même, comme dans Médée et dans Atrée, l'impression est trop violente pour elles. Mais bien loin d'être alors dangereuse, elle est au contraire importune ; et un sentiment de cette espece peut-il être une source de vices et de forfaits ? Si dans les pieces où l'on expose le crime à nos yeux, les scélérats ne sont pas toujours punis, le spectateur est affligé qu'ils ne le soient pas : quand il ne peut en accuser le poëte, toujours obligé de se conformer à l'histoire, c'est alors, si je puis parler ainsi, l'histoire elle même qu'il accuse ; et il se dit en sortant : faisons notre devoir, et laissons faire aux dieux. Aussi dans un spectacle qui laisseroit plus de liberté au poëte, dans notre opéra, par exemple, qui n'est d'ailleurs ni le spectacle de la vérité ni celui des moeurs, je doute qu'on pardonnât à l'auteur de laisser jamais le crime impuni. Je me souviens d'avoir vu autrefois en manuscrit un opéra d'Atrée, où ce monstre périssoit écrasé de la foudre, en criant avec une satisfaction barbare, tonnez, dieux impuissans, frappez, je suis vengé. Cette situation vraiment théatrale, secondée par une musique effrayante, eût produit, ce me semble, un des plus heureux dénouemens qu'on puisse imaginer au théatre lyrique.

Si dans quelques tragédies on a voulu nous intéresser pour des scélérats, ces tragédies ont manqué leur objet ; c'est la faute du poëte et non du genre ; vous trouverez des historiens même qui ne sont pas exempts de ce reproche ; en accuserez-vous l'histoire ? Rappellez-vous, monsieur, un de nos chefs-d'oeuvre en ce genre, la conjuration de Venise de l'abbé de st Real, et l'espece d'intérêt qu'il nous inspire (sans l'avoir peut-être voulu) pour ces hommes qui ont juré la ruine de leur patrie ; on s'afflige presque après cette lecture de voir tant de courage et d'habileté devenus inutiles ; on se reproche ce sentiment, mais il nous saisit malgré nous, et ce n'est que par réflexion qu'on prend part au salut de Venise. Je vous avouerai à cette occasion (contre l'opinion assez généralement établie) que le sujet de venise sauvée me paroît bien plus propre au théatre que celui de Manlius Capitolinus, quoique ces deux pieces ne different guere que par les noms et l'état des personnages ; des malheureux qui conspirent pour se rendre libres, sont moins odieux que des sénateurs qui cabalent pour se rendre maîtres. Mais ce qui paroît, monsieur, vous avoir choqué le plus dans nos pieces, c'est le rôle qu'on y fait jouer à l'amour. Cette passion, le grand mobile des actions des hommes, est en effet le ressort presque unique du théatre françois ; et rien ne vous paroît plus contraire à la saine morale que de réveiller par des peintures et des situations séduisantes un sentiment si dangereux. Permettez-moi de vous faire une question avant que de vous répondre. Voudriez-vous bannir l'amour de la société ? Ce seroit je crois, pour elle un grand bien et un grand mal. Mais vous chercheriez en vain à détruire cette passion dans les hommes ; il ne paroît pas d'ailleurs que votre dessein soit de la leur interdire, du moins si on en juge par les descriptions intéressantes que vous en faites, et auxquelles toute l'austérité de votre philosophie n'a pu se refuser. Or si on ne peut, et si on ne doit peut-être pas étouffer l'amour dans le coeur des hommes, que reste-t-il à faire, sinon de le diriger vers une fin honnête, et de nous montrer dans des exemples illustres ses fureurs et ses foiblesses, pour nous en défendre ou nous en guérir ? Vous convenez que c'est l'objet de nos tragédies ; mais vous prétendez que l'objet est manqué par les efforts même que l'on fait pour le remplir, que l'impression du sentiment reste, et que la morale est bientôt oubliée. Je prendrai, monsieur, pour vous répondre, l'exemple même que vous apportez de la tragédie de Bérénice, où Racine a trouvé l'art de nous intéresser pendant cinq actes avec ces seuls mots, je vous aime, vous êtes empereur et je pars ; et où ce grand poëte a su réparer par les charmes de son style le défaut d'action et la monotonie de son sujet. Tout spectateur sensible, je l'avoue, sort de cette tragédie le coeur affligé, partageant en quelque maniere le sacrifice qui coûte si cher à Titus, et le désespoir de Bérénice abandonnée. Mais quand ce spectateur regarde au fond de son ame, et approfondit le sentiment triste qui l'occupe, qu'y apperçoit-il, monsieur, un retour affligeant sur le malheur de la condition humaine, qui nous oblige presque toujours de faire céder nos passions à nos devoirs. Cela est si vrai, qu'au milieu des pleurs que nous donnons à Bérénice, le bonheur du monde attaché au sacrifice de Titus, nous rend inexorables sur la nécessité de ce sacrifice même dont nous le plaignons ; l'intérêt que nous prenons à sa douleur, en admirant sa vertu, se changeroit en indignation s'il succomboit à sa foiblesse.

En vain Racine même, tout habile qu'il étoit dans l'éloquence du coeur, eût essayé de nous représenter ce prince, entre Bérénice d'un côté et Rome de l'autre, sensible aux prieres d'un peuple qui embrasse ses genoux pour le retenir, mais cédant aux larmes de sa maîtresse ; les adieux les plus touchans de ce prince à ses sujets ne le rendroient que plus méprisable à nos yeux ; nous n'y verrions qu'un monarque vil, qui pour satisfaire une passion obscure, renonce à faire du bien aux hommes, et qui va dans les bras d'une femme oublier leurs pleurs. Si quelque chose au contraire adoucit à nos yeux la peine de Titus, c'est le spectacle de tout un peuple devenu heureux par le courage du prince : rien n'est plus propre à consoler de l'infortune, que le bien qu'on fait à ceux qui souffrent, et l'homme vertueux suspend le cours de ses larmes en essuyant celles des autres. Cette tragédie, monsieur, a d'ailleurs un autre avantage, c'est de nous rendre plus grands à nos propres yeux en nous montrant de quels efforts la vertu nous rend capables. Elle ne réveille en nous la plus puissante et la plus douce de toutes les passions, que pour nous apprendre à la vaincre, en la faisant céder, quand le devoir l'exige, à des intérêts plus pressants et plus chers. Ainsi elle nous flatte et nous élève tout à la fois, par l'expérience douce qu'elle nous fait faire de la tendresse de notre ame, et par le courage qu'elle nous inspire pour réprimer ce sentiment dans ses effets, en conservant le sentiment même.

Si donc les peintures qu'on fait de l'amour sur nos théatres étoient dangereuses, ce ne pourroit être tout au plus que chez une nation déjà corrompue, à qui les remedes même serviroient de poison ; aussi suis-je persuadé, malgré l'opinion contraire où vous êtes, que les représentations théatrales sont plus utiles à un peuple qui a conservé ses moeurs, qu'à celui qui auroit perdu les siennes. Mais quand l'état présent de nos moeurs pourroit nous faire regarder la tragédie comme un nouveau moyen de corruption, la plupart de nos pieces me paroissent bien propres à nous rassurer à cet égard. Ce qui devroit, ce me semble, vous déplaire le plus dans l'amour que nous mettons si fréquemment sur nos théatres, ce n'est pas la vivacité avec laquelle il est peint, c'est le rôle froid et subalterne qu'il y joue presque toujours. L'amour, si on en croit la multitude, est l'ame de nos tragédies ; pour moi, il m'y paroît presque aussi rare que dans le monde. La plupart des personnages de Racine même ont à mes yeux moins de passion que de métaphysique, moins de chaleur que de galanterie. Qu'est-ce que l'amour dans Mithridate, dans Iphigénie, dans Britannicus, dans Bajazet même et dans Andromaque, si on en excepte quelques traits des rôles de Roxane et d'Hermione ? Phedre est peut-être le seul ouvrage de ce grand homme, où l'amour soit vraiment terrible et tragique ; encore y est-il défiguré par l'intrigue obscure d'Hippolite et d'Aricie. Arnaud l'avoit bien senti, quand il disoit à Racine : pourquoi cet Hippolite amoureux ? le reproche étoit moins d'un casuiste que d'un homme de goût ; on sait la réponse que Racine lui fit ; eh, monsieur, sans cela qu'auroient dit les petits maîtres ? ainsi c'est à la frivolité de la nation que Racine a sacrifié la perfection de sa piece. L'amour dans Corneille, est encore plus languissant et plus déplacé : son génie semble s'être épuisé dans le cid à peindre cette passion, et il faut avouer qu'il l'a peinte en maître ; mais il n'y a presqu'aucune de ses autres tragédies que l'amour ne dépare et ne refroidisse. Ce sentiment exclusif et impérieux, si propre à nous consoler de tout ou à nous rendre tout insupportable, à nous faire jouir de notre existence ou à nous la faire détester, veut être sur le théatre comme dans nos coeurs, y régner seul et sans partage. Partout où il ne joue pas le premier rôle, il est dégradé par le second. Le seul caractère qui lui convient dans la tragédie, est celui de la véhémence, du trouble et du désespoir : ôtez-lui ces qualités, ce n'est plus, si j'ose parler ainsi, qu'une passion commune et bourgeoise. Mais, dira-t-on, en peignant l'amour de la sorte, il deviendra monotone, et toutes nos pieces se ressembleront. Et pourquoi s'imaginer, comme ont fait presque tous nos auteurs, qu'une piece ne puisse nous intéresser sans amour ? Sommes-nous plus difficiles ou plus insensibles que les athéniens ? Et ne pouvons-nous pas trouver à leur exemple une infinité d'autres sujets capables de remplir dignement le théatre, les malheurs de l'ambition, le spectacle d'un héros dans l'infortune, la haine de la superstition et des tyrans, l'amour de la patrie, la tendresse maternelle ? Ne faisons point à nos françoises l'injure de penser que l'amour seul puisse les émouvoir, comme si elles n'étoient ni citoyennes ni meres. Ne les avons-nous pas vües s'intéresser à la mort de César, et verser des larmes à Mérope ?

Je viens, monsieur, à vos objections sur la comédie. Vous n'y voyez qu'un exemple continuel de libertinage, de perfidie et de mauvaises moeurs ; des femmes qui trompent leurs maris, des enfans qui volent leurs peres, d'honnêtes bourgeois dupés par des fripons de cour. Mais je vous prie de considérer un moment sous quel point de vue tous ces vices nous sont représentés sur le théatre. Est-ce pour les mettre en honneur ? Nullement ; il n'est point de spectateur qui s'y méprenne ; c'est pour nous ouvrir les yeux sur la source de ces vices ; pour nous faire voir dans nos propres défauts (dans des défauts qui en eux-mêmes ne blessent point l'honnêteté) une des causes les plus communes des actions criminelles que nous reprochons aux autres. Qu'aprennons-nous dans George-Dandin ? que le déréglement des femmes est la suite ordinaire des mariages mal assortis où la vanité a présidé ; dans le bourgeois gentilhomme ? qu'un bourgeois qui veut sortir de son état, avoir une femme de la cour pour maîtresse, et un grand seigneur pour ami, n'aura pour maîtresse qu'une femme perdue, et pour ami qu'un honnête voleur ; dans les scenes d'Harpagon et de son fils ? Que l'avarice des peres produit la mauvaise conduite des enfans ; enfin dans toutes, cette vérité si utile, que les ridicules de la société y sont une source de désordres. et quelle maniere plus efficace d'attaquer nos ridicules, que de nous montrer qu'ils rendent les autres méchans à nos dépens ? En vain diriez-vous que dans la comédie nous sommes plus frappés du ridicule qu'elle joue, que des vices dont ce ridicule est la source. Cela doit être, puisque l'objet naturel de la comédie est la correction de nos défauts par le ridicule, leur antidote le plus puissant, et non la correction de nos vices qui demande des remedes d'un autre genre. Mais son effet n'est pas pour cela de nous faire préférer le vice au ridicule ; elle nous suppose pour le vice cette horreur qu'il inspire à toute ame bien née ; elle se sert même de cette horreur pour combattre nos travers ; et il est tout simple que le sentiment qu'elle suppose nous affecte moins (dans le moment de la représentation) que celui qu'elle cherche à exciter en nous ; sans que pour cela elle nous fasse prendre le change sur celui de ces deux sentimens qui doit dominer dans notre ame. Si quelques comédies en petit nombre s'écartent de cet objet louable, et sont presque uniquement une école de mauvaises moeurs, on peut comparer leurs auteurs à ces hérétiques, qui pour débiter le mensonge, ont abusé quelquefois de la chaire de vérité.

Vous ne vous en tenez pas à des imputations générales. Vous attaquez, comme une satyre cruelle de la vertu, le misantrope de Moliere, ce chef-d'oeuvre de notre théatre comique ; si néanmoins le Tartufe ne lui est pas encore supérieur, soit par la vivacité de l'action, soit par les situations théatrales, soit enfin par la variété et la vérité des caracteres. Je ne sai, monsieur, ce que vous pensez de cette derniere piece, elle étoit bien faite pour trouver grace devant vous ; ne fût-ce que par l'aversion dont on ne peut se défendre pour l'espece d'hommes si odieuse que Moliere y a joués et démasqués.

Mais je viens au misantrope. Moliere, selon vous, a eu dessein dans cette comédie de rendre la vertu ridicule. Il me semble que le sujet et les détails de la piece, que le sentiment même qu'elle produit en nous, prouvent le contraire. Moliere a voulu nous apprendre, que l'esprit et la vertu ne suffisent pas pour la société, si nous ne savons compatir aux foiblesses de nos semblables, et supporter leurs vices même ; que les hommes sont encore plus bornés que méchans, et qu'il faut les mépriser sans le leur dire. Quoique le misantrope divertisse les spectateurs, il n'est pas pour cela ridicule à leurs yeux : il n'est personne au-contraire qui ne l'estime, qui ne soit porté même à l'aimer et à le plaindre. On rit de sa mauvaise humeur, comme de celle d'un enfant bien né et de beaucoup d'esprit. La seule chose que j'oserois blâmer dans le rôle du misantrope, c'est qu'Alceste n'a pas toujours tort d'être en colere contre l'ami raisonnable et philosophe, que Moliere a voulu lui opposer comme un modele de la conduite qu'on doit tenir avec les hommes. Philinte m'a toujours paru, non pas absolument comme vous le prétendez, un caractere odieux, mais un caractere mal décidé, plein de sagesse dans ses maximes et de fausseté dans sa conduite. Rien de plus sensé que ce qu'il dit au misantrope dans la premiere scene sur la nécessité de s'accommoder aux travers des hommes ; rien de plus foible que sa réponse aux reproches dont le misantrope l'accable sur l'accueil affecté qu'il vient de faire à un homme dont il ne sait pas le nom. Il ne disconvient pas de l'exagération qu'il a mise dans cet accueil, et donne par là beaucoup d'avantage au misantrope. Il devoit répondre au contraire, que ce qu'Alceste avoit pris pour un accueil exagéré, n'étoit qu'un compliment ordinaire et froid, une de ces formules de politesse dont les hommes sont convenus de se payer réciproquement lorsqu'ils n'ont rien à se dire. Le misantrope a encore plus beau jeu dans la scene du sonnet. Ce n'est point Philinte qu'Oronte vient consulter, c'est Alceste ; et rien n'oblige Philinte de louer comme il fait le sonnet d'Oronte à tort et à travers, et d'interrompre même la lecture par ses fades éloges. Il devoit attendre qu'Oronte lui demandât son avis, et se borner alors à des discours généraux, et à une approbation foible, parce qu'il sent qu'Oronte veut être loué, et que dans des bagatelles de ce genre on ne doit la vérité qu'à ses amis, encore faut-il qu'ils ayent grande envie ou grand besoin qu'on la leur dise. L'approbation foible de

Philinte n'en eût pas moins produit ce que vouloit Moliere, l'emportement d'Alceste, qui se pique de vérité dans les choses les plus indifférentes, au risque de blesser ceux à qui il la dit. Cette colere du misantrope sur la complaisance de Philinte n'en eût été que plus plaisante, parce qu'elle eût été moins fondée ; et la situation des personnages eût produit un jeu de théatre d'autant plus grand, que Philinte eût été partagé entre l'embarras de contredire Alceste et la crainte de choquer Oronte. Mais je m'apperçois, monsieur, que je donne des leçons à Moliere.

Vous prétendez que dans cette scene du sonnet, le misantrope est presque un Philinte, et ses je ne dis pas cela répétés avant que de déclarer franchement son avis, vous paroissent hors de son caractere. Permettez-moi de n'être pas de votre sentiment. Le misantrope de Moliere n'est pas un homme grossier, mais un homme vrai ; ses je ne dis pas cela, surtout de l'air dont il les doit prononcer, font suffisamment entendre qu'il trouve le sonnet détestable ; ce n'est que quand Oronte le presse et le pousse à bout, qu'il doit lever le masque et lui rompre en visiere. Rien n'est, ce me semble, mieux ménagé et gradué plus adroitement que cette scene ; et je dois rendre cette justice à nos spectateurs modernes, qu'il en est peu qu'ils écoutent avec plus de plaisir. Aussi je ne crois pas que ce chef-d'oeuvre de Moliere (supérieur peut-être de quelques années à son siecle) dût craindre aujourd'hui le sort équivoque qu'il eut à sa naissance ; notre parterre, plus fin et plus éclairé qu'il ne l'étoit il y a soixante ans, n'auroit plus besoin du médecin malgré lui pour aller au misantrope. Mais je crois en même tems avec vous, que d'autres chefs-d'oeuvre du même poëte et de quelques autres, autrefois justement applaudis, auroient aujourd'hui plus d'estime que de succès ; notre changement de goût en est la cause ; nous voulons dans la tragédie plus d'action, et dans la comédie plus de finesse. La raison en est, si je ne me trompe, que les sujets communs sont presqu'entiérement épuisés sur les deux théatres ; et qu'il faut d'un côté plus de mouvement pour nous intéresser à des héros moins connus, et de l'autre plus de recherche et plus de nuance pour faire sentir des ridicules moins apparens.

Le zele dont vous êtes animé contre la comédie, ne vous permet pas de faire grace à aucun genre, même à celui où l'on se propose de faire couler nos larmes par des situations intéressantes, et de nous offrir dans la vie commune des modeles de courage et de vertu ; autant vaudroit, dites-vous, aller au sermon. ce discours me surprend dans votre bouche. Vous prétendiez un moment auparavant, que les leçons de la tragédie nous sont tiles, parce qu'on n'y met sur le théatre que des héros, auxquels nous ne pouvons nous flatter de ressembler ; et vous blâmez à-présent les pieces où l'on n'expose à nos yeux que nos citoyens et nos semblables ; ce n'est plus comme pernicieux aux bonnes moeurs, mais comme insipide et ennuyeux que vous attaquez ce genre. Dites, monsieur, si vous le voulez, qu'il est le plus facile de tous ; mais ne cherchez pas à lui enlever le droit de nous attendrir ; il me semble au contraire qu'aucun genre de pieces n'y est plus propre ; et s'il m'est permis de juger de l'impression des autres par la mienne, j'avoue que je suis encore plus touché des scenes pathétiques de l'enfant prodigue, que des pleurs d'Andromaque et d'Iphigénie. Les princes et les grands sont trop loin de nous, pour que nous prenions à leurs revers le même intérêt qu'aux nôtres. Nous ne voyons, pour ainsi-dire, les infortunes des rois qu'en perspective ; et dans le tems même où nous les plaignons, un sentiment confus semble nous dire pour nous consoler, que ces infortunes sont le prix de la grandeur suprême, et comme les degrés par lesquels la nature rapproche les princes des autres hommes. Mais les malheurs de la vie privée n'ont point cette ressource à nous offrir ; ils sont l'image fidele des peines qui nous affligent ou qui nous menacent ; un roi n'est presque pas notre semblable, et le sort de nos pareils a bien plus de droits à nos larmes.

Ce qui me paroît blâmable dans ce genre, ou plutôt dans la maniere dont l'ont traité nos poëtes, est le mélange bizarre qu'ils y ont presque toujours fait du pathétique et du plaisant ; deux sentimens si tranchans et si disparates ne sont pas faits pour être voisins ; et quoiqu'il y ait dans la vie quelques circonstances bizarres où l'on rit et où l'on pleure à la fois, je demande si toutes les circonstances de la vie sont propres à être représentées sur le théatre, et si le sentiment trouble et mal décidé qui résulte de cet alliage des ris avec les pleurs, est préférable au plaisir seul de pleurer, ou même au plaisir seul de rire ? les hommes sont tous de fer ! s'écrie l'enfant prodigue, après avoir fait à son valet la peinture odieuse de l'ingratitude et de la dureté de ses anciens amis ; et les femmes ? lui répond le valet, qui ne veut que faire rire le parterre ; j'ose inviter l'illustre auteur

Jean le Rond d'Alembert

de cette piece à retrancher ces trois mots, qui ne sont là que pour défigurer un chef-d'oeuvre. Il me semble qu'ils doivent produire sur tous les gens de goût le même effet qu'un son aigre et discordant qui se feroit entendre tout-à-coup au milieu d'une musique touchante.

Après avoir dit tant de mal des spectacles, il ne vous restoit plus, monsieur, qu'à vous déclarer aussi contre les personnes qui les représentent et contre celles qui, selon vous, nous y attirent ; et c'est de quoi vous vous êtes pleinement acquitté par la maniere dont vous traitez les comédiens et les femmes. Votre philosophie n'épargne personne, et on pourroit lui appliquer ce passage de l'écriture, et manus ejus contra omnes. selon vous, l'habitude où sont les comédiens de revêtir un caractere qui n'est pas le leur, les accoutume à la fausseté. Je ne saurois croire que ce reproche soit sérieux. Vous feriez le procès sur le même principe, à tous les auteurs de pieces de théatre, bien plus obligés encore que le comédien, de se transformer dans les personnages qu'ils ont à faire parler sur la scene.

Vous ajoutez qu'il est vil de s'exposer aux sifflets pour de l'argent ; qu'en faut-il conclure ? Que l'état de comédien est celui de tous où il est le moins permis d'être médiocre. Mais en récompense, quels applaudissemens plus flatteurs que ceux du théatre ? C'est là où l'amour propre ne peut se faire illusion ni sur les succés, ni sur les chûtes ; et pourquoi refuserions-nous à un acteur accueilli et desiré du public, le droit si juste et si noble de tirer de son talent sa subsistance ? Je ne dis rien de ce que vous ajoutez (pour plaisanter sans doute) que les valets en s'exerçant à voler adroitement sur le théatre, s'instruisent à voler dans les maisons et dans les rues.

Supérieur, comme vous l'êtes, par votre caractere et par vos réflexions, à toute espece de préjugés, étoit-ce là, monsieur, celui que vous deviez préférer pour vous y soumettre et pour le défendre ? Comment n'avez-vous pas senti, que si ceux qui représentent nos pieces méritent d'être deshonorés, ceux qui les composent mériteroient aussi de l'être ; et qu'ainsi en élevant les uns et en avilissant les autres, nous avons été tout à la fois bien inconséquens et bien barbares ? Les grecs l'ont été moins que nous, et il ne faut point chercher d'autres causes de l'estime où les bons comédiens étoient parmi eux. Ils considéroient ésopus par la même raison qu'ils admiroient Euripide et Sophocle. Les romains, il est vrai, ont pensé

différemment ; mais chez eux la comédie étoit jouée par des esclaves ; occupés de grands objets, ils ne vouloient employer que des
esclaves à leurs plaisirs.

La chasteté des comédiennes, j'en conviens avec vous, est plus
exposée que celle des femmes du monde ; mais aussi la gloire de
vaincre en doit être plus grande ; il n'est pas rare d'en voir qui résistent long-tems, et il seroit plus commun d'en trouver qui résis-
tassent toujours, si elles n'étoient comme découragées de la conti-
nence par le peu de considération réelle qu'elles en retirent. Le plus
sûr moyen de vaincre les passions, est de les combattre par la vanité ; qu'on accorde des distinctions aux comédiennes sages, et ce
sera, j'ose le prédire, l'ordre de l'état le plus sévere dans ses moeurs.
Mais quand elles voient que d'un côté, on ne leur fait aucun gré
de se priver d'amans, et que de l'autre il est permis aux femmes
du monde d'en avoir, sans en être moins considérées, comment ne
chercheroient-elles pas leur consolation dans des plaisirs qu'elles
s'interdiroient en pure perte ? Vous êtes du moins, monsieur, plus
juste ou plus conséquent que le public ; votre sortie sur nos actrices
en a valu une très-violente aux autres femmes. Je ne sai si vous
êtes du petit nombre des sages qu'elles ont su quelquefois rendre
malheureux, et si par le mal que vous en dites, vous avez voulu leur
restituer celui qu'elles vous ont fait. Cependant je doute que votre
éloquente censure vous fasse parmi elles beaucoup d'ennemis ; on
voit percer à travers vos reproches le goût très-pardonnable que
vous avez conservé pour elles, peut-être même quelque chose de
plus vif ; ce mêlange de sévérité et de foiblesse (pardonnez-moi
ce dernier mot) vous fera aisément obtenir grace ; elles sentiront
du moins, et elles vous en sauront gré, qu'il vous en a moins coûté
pour déclamer contre elles avec chaleur, que pour les voir et les
juger avec une indifférence philosophique. Mais comment allier
cette indifférence avec le sentiment si séduisant qu'elles inspirent ?
Qui peut avoir le bonheur ou le malheur de parler d'elles sans intérêt ? Essayons néanmoins, pour les apprécier avec justice, sans
adulation comme sans humeur, d'oublier en ce moment combien
leur société est aimable et dangereuse ; relisons Epictete avant que
d'écrire, et tenons-nous fermes pour être austeres et graves.

Je n'examinerai point, monsieur, si vous avez raison de vous écrier,
où trouvera-t-on une femme aimable et vertueuse ? comme le sage

s'écrioit autrefois, où trouvera-t-on une femme forte ? le genre humain seroit bien à plaindre, si l'objet le plus digne de nos hommages étoit en effet aussi rare que vous le dites. Mais si par malheur vous aviez raison, quelle en seroit la triste cause ? L'esclavage et l'espece d'avilissement où nous avons mis les femmes ; les entraves que nous donnons à leur esprit et à leur ame ; le jargon futile, et humiliant pour elles et pour nous, auquel nous avons réduit notre commerce avec elles, comme si elles n'avoient pas une raison à cultiver, ou n'en étoient pas dignes ; enfin l'éducation funeste, je dirois presque meurtriere, que nous leur prescrivons, sans leur permettre d'en avoir d'autre ; éducation où elles apprennent presque uniquement à se contrefaire sans cesse, à n'avoir pas un sentiment qu'elles n'étouffent, une opinion qu'elles ne cachent, une pensée qu'elles ne déguisent. Nous traitons la nature en elles comme nous la traitons dans nos jardins, nous cherchons à l'orner en l'étouffant. Si la plupart des nations ont agi comme nous à leur égard, c'est que par-tout les hommes ont été les plus forts, et que partout le plus fort est l'oppresseur et le tyran du plus foible. Je ne sai si je me trompe, mais il me semble que l'éloignement où nous tenons les femmes de tout ce qui peut les éclairer et leur élever l'ame, est bien capable, en mettant leur vanité à la gêne, de flatter leur amour propre. On diroit que nous sentons leurs avantages, et que nous voulons les empêcher d'en profiter. Nous ne pouvons nous dissimuler que dans les ouvrages de goût et d'agrément, elles réussiroient mieux que nous, surtout dans ceux dont le sentiment et la tendresse doivent être l'ame ; car quand vous dites qu'elles ne savent ni décrire, ni sentir l'amour même, il faut que vous n'ayez jamais lu les lettres d'Héloïse, ou que vous ne les ayez lues que dans quelque poëte qui les aura gâtées. J'avoue que ce talent de peindre l'amour au naturel, talent propre à un tems d'ignorance, où la nature seule donnoit des leçons, peut s'être affoibli dans notre siecle, et que les femmes, devenues à notre exemple plus coquettes que passionnées, sauront bientôt aimer aussi peu que nous et le dire aussi mal ; mais sera-ce la faute de la nature ? à l'égard des ouvrages de génie et de sagacité, mille exemples nous prouvent que la foiblesse du corps n'y est pas un obstacle dans les hommes ; pourquoi donc une éducation plus solide et plus mâle ne mettroit-elle pas les femmes à portée d'y réussir ? Descartes les jugeoit plus propres que nous à la philosophie, et une princesse malheureuse a été son plus illustre disciple. Plus inexorable pour elles, vous les traiterez, monsieur, comme ces peuples vaincus, mais redoutables, que leurs conquérans désarment ; et après avoir soutenu que la culture de l'esprit est pernicieuse à la vertu des hommes, vous en conclurez qu'elle le seroit encore plus à celle des femmes. Il me semble au contraire que les hommes devant être plus vertueux à proportion qu'ils connoîtront mieux les véritables sources de leur bonheur, le genre humain doit gagner à s'instruire. Si les siecles éclairés ne sont pas moins corrompus que les autres, c'est que la lumiere y est trop inégalement répandue ; qu'elle est resserrée et concentrée dans un trop petit nombre d'esprits ; que les rayons qui s'en échappent dans le peuple ont assez de force pour découvrir aux ames communes l'attrait et les avantages du vice, et non pour leur en faire voir les dangers et l'horreur : le grand défaut de ce siecle philosophe est de ne l'être pas encore assez. Mais quand la lumiere sera plus libre de se répandre, plus étendue et plus égale, nous en sentirons alors les effets bienfaisans ; nous cesserons de tenir les femmes sous le joug et dans l'ignorance, et elles de séduire, de tromper et de gouverner leurs maîtres. L'amour sera pour lors entre les deux sexes ce que l'amitié la plus douce et la plus vraie est entre les hommes vertueux ; ou plutôt ce sera un sentiment plus délicieux encore, le complément et la perfection de l'amitié ; sentiment qui dans l'intention de la nature, devoit nous rendre heureux, et que pour notre malheur nous avons su altérer et corrompre.

Enfin ne nous arrêtons pas seulement, monsieur, aux avantages que la société pourroit tirer de l'éducation des femmes ; ayons de plus l'humanité et la justice de ne pas leur refuser ce qui peut leur adoucir la vie comme à nous. Nous avons éprouvé tant de fois combien la culture de l'esprit et l'exercice des talens sont propres à nous distraire de nos maux, et à nous consoler dans nos peines : pourquoi refuser à la plus aimable moitié du genre humain, destinée à partager avec nous le malheur d'être, le soulagement le plus propre à le lui faire supporter ? Philosophes que la nature a répandus sur la surface de la terre, c'est à vous à détruire, s'il vous est possible, un préjugé si funeste ; c'est à ceux d'entre vous qui éprouvent la douceur ou le chagrin d'être peres, d'oser les premiers secouer le joug d'un barbare usage, en donnant à leurs filles la même édu-

Jean le Rond d'Alembert

cation qu'à leurs autres enfans. Qu'elles apprennent seulement de vous, en recevant cette éducation précieuse, à la regarder uniquement comme un préservatif contre l'oisiveté, un rempart contre les malheurs, et non comme l'aliment d'une curiosité vaine, et le sujet d'une ostentation frivole. Voilà tout ce que vous devez et tout ce qu'elles doivent à l'opinion publique, qui peut les condamner à paroître ignorantes, mais non pas les forcer à l'être. On vous a vus si souvent, pour des motifs très-légers, par vanité ou par humeur, heurter de front les idées de votre siecle ; pour quel intérêt plus grand pouvez-vous le braver, que pour l'avantage de ce que vous devez avoir de plus cher au monde, pour rendre la vie moins amere à ceux qui la tiennent de vous, et que la nature a destinés à vous survivre et à souffrir ; pour leur procurer dans l'infortune, dans les maladies, dans la pauvreté, dans la vieillesse, des ressources dont notre injustice les a privées ? On regarde communément, monsieur, les femmes comme très-sensibles et très-foibles ; je les crois au contraire ou moins sensibles ou moins foibles que nous. Sans force de corps, sans talens, sans étude qui puisse les arracher à leurs peines, et les leur faire oublier quelques momens, elles les supportent néanmoins, elles les dévorent, et savent quelquefois les cacher mieux que nous ; cette fermeté suppose en elles, ou une ame peu susceptible d'impressions profondes, ou un courage dont nous n'avons pas l'idée. Combien de situations cruelles auxquelles les hommes ne résistent que par le tourbillon d'occupation qui les entraîne ? Les chagrins des femmes seroient-ils moins pénétrans et moins vifs que les nôtres ? Ils ne le devroient pas être. Leurs peines viennent ordinairement du coeur, les nôtres n'ont souvent pour principe que la vanité et l'ambition. Mais ces sentimens étrangers, que l'éducation a portés dans notre ame, que l'habitude y a gravés, et que l'exemple y fortifie, deviennent (à la honte de l'humanité) plus puissans sur nous que les sentimens naturels ; la douleur fait plus périr de ministres déplacés que d'amans malheureux. Voilà, monsieur, si j'avois à plaider la cause des femmes, ce que j'oserois dire en leur faveur ; je les défendrois moins sur ce qu'elles sont que sur ce qu'elles pourroient être. Je ne les louerois point en soutenant avec vous que la pudeur leur est naturelle ; ce seroit prétendre que la nature ne leur a donné ni besoins, ni passions ; la réflexion peut réprimer les desirs, mais le premier mouvement (qui est celui de

la nature) porte toujours à s'y livrer. Je me bornerai donc à conve-
nir que la société et les lois ont rendu la pudeur nécessaire aux
femmes ; et si je fais jamais un livre sur le pouvoir de l'éducation,
cette pudeur en sera le premier chapitre. Mais en paroissant moins
prévenu que vous pour la modestie de leur sexe, je serai plus fa-
vorable à leur conservation ; et malgré la bonne opinion que vous
avez de la bravoure d'un régiment de femmes, je ne croirai pas que
le principal moyen de les rendre utiles, soit de les destiner à recru-
ter nos troupes. Mais je m'apperçois, monsieur, et je crains bien
de m'en appercevoir trop tard, que le plaisir de m'entretenir avec
vous, l'apologie des femmes, et peut-être cet intérêt secret qui nous
séduit toujours pour elles, m'ont entraîné trop loin et trop long-
tems hors de mon sujet. En voilà donc assez, et peut-être trop, sur
la partie de votre lettre qui concerne les spectacles en eux-mêmes,
et les dangers de toute espece dont vous les rendez responsables.
Rien ne pourra plus leur nuire, si votre écrit n'y réussit pas ; car il
faut avouer qu'aucun de nos prédicateurs ne les a combattus avec
autant de force et de subtilité que vous. Il est vrai que la supério-
rité de vos talens ne doit pas seule en avoir l'honneur. La plupart
de nos orateurs chrétiens en attaquant la comédie, condamnent
ce qu'ils ne connoissent pas ; vous avez au contraire étudié, analy-
sé, composé vous-même pour en mieux juger les effets, le poison
dangereux dont vous cherchez à nous préserver ; et vous décriez
nos pieces de théatre avec l'avantage non-seulement d'en avoir vu,
mais d'en avoir fait. Néanmoins cet avantage même forme contre
vous une objection incommode que vous paroissez avoir sentie en
n'osant vous la faire, et à laquelle vous avez indirectement tâché
de répondre. Les spectacles, selon vous, sont nécessaires dans une
ville aussi corrompue que celle que vous avez habitée long-tems ;
et c'est apparemment pour ses habitans pervers, (car ce n'est pas
certainement pour votre patrie) que vos pieces ont été compo-
sées. C'est-à-dire, monsieur, que vous nous avez traité comme ces
animaux expirans, qu'on acheve dans leurs maladies de peur de
les voir trop long-tems souffrir. Assez d'autres sans vous auroient
pris ce soin ; et votre délicatesse n'aura-t-elle rien à se reprocher à
notre égard ? Je le crains d'autant plus, que le talent dont vous avez
montré au théatre lyrique de si heureux essais, comme musicien et
comme poëte, est du moins aussi propre à faire aux spectacles des

partisans, que votre éloquence à leur en enlever. Le plaisir de vous lire ne nuira point à celui de vous entendre ; et vous aurez long-tems la douleur de voir le devin du village détruire tout le bien que vos écrits contre la comédie auroient pu nous faire.

Il me reste à vous dire un mot sur les deux autres articles de votre lettre, et en premier lieu sur les raisons que vous apportez contre l'établissement d'un théatre de comédie à Genève. Cette partie de votre ouvrage, je dois l'avouer, est celle qui a trouvé à Paris le moins de contradicteurs. Très-indulgens envers nous-mêmes, nous re-gardons les spectacles comme un aliment nécessaire à notre frivo-lité ; mais nous décidons volontiers que Genève ne doit point en avoir ; pourvu que nos riches oisifs aillent tous les jours pendant trois heures se soulager au théatre du poids du tems qui les accable, peu leur importe qu'on s'amuse ailleurs ; parce que Dieu, pour me servir d'une de vos plus heureuses expressions, les a doués d'une douceur très-méritoire à supporter l'ennui des autres. Mais je doute que les genevois, qui s'intéressent un peu plus que nous à ce qui les regarde, applaudissent de même à votre sévérité. C'est d'après un desir qui m'a paru presque général dans vos concitoyens, que j'ai proposé l'établissement d'un théatre dans leur ville, et j'ai peine à croire qu'ils se livrent avec autant de plaisir aux amusemens que vous y substituez. On m'assure même que plusieurs de ces amu-semens, quoi qu'en simple projet, allarment déjà vos graves mi-nistres ; qu'ils se récrient surtout contre les danses que vous voulez mettre à la place de la comédie ; et qu'il leur paroît plus dangereux encore de se donner en spectacle que d'y assister.

Au reste, c'est à vos compatriotes seuls à juger de ce qui peut en ce genre leur être utile ou nuisible. S'ils craignent pour leurs moeurs les effets et les suites de la comédie, ce que j'ai déja dit en sa faveur ne les déterminera point à la recevoir, comme tout ce que vous dites contr'elle ne la leur fera pas rejetter, s'ils imaginent qu'elle puisse leur être de quelque avantage. Je me contenterai donc d'examiner en peu de mots les raisons que vous apportez contre l'établissement d'un théatre à Genève, et je soumets cet examen au jugement et à la décision des genevois.

Vous nous transportez d'abord dans les montagnes du Valais, au centre d'un petit pays dont vous faites une description charmante ; vous nous montrez ce qui ne se trouve peut-être que dans ce seul coin de l'univers, des peuples tranquilles et satisfaits au sein de leur famille et de leur travail ; et vous prouvez que la comédie ne seroit propre qu'à troubler le bonheur dont ils jouissent. Personne, monsieur, ne prétendra le contraire ; des hommes assez heureux pour se contenter des plaisirs offerts par la nature, ne doivent point y en substituer d'autres ; les amusemens qu'on cherche sont le poison lent des amusemens simples ; et c'est une loi générale de ne pas entreprendre de changer le bien en mieux : qu'en conclurez-vous pour Genève ? L'état présent de cette république est-il susceptible de l'application de ces regles ? Je veux croire qu'il n'y a rien d'exagéré ni de romanesque dans la description de ce canton fortuné du Valais, où il n'y a ni haine, ni jalousie, ni querelles, et où il y a pourtant des hommes. Mais si l'âge d'or s'est refugié dans les rochers voisins de Genève, vos citoyens en sont pour le moins à l'âge d'argent ; et dans le peu de tems que j'ai passé parmi eux, ils m'ont paru assez avancés, ou si vous voulez assez pervertis, pour pouvoir entendre Brutus et Rome sauvée sans avoir à craindre d'en devenir pires.

La plus forte de toutes vos objections contre l'établissement d'un théatre à Genève, c'est l'impossibilité de supporter cette dépense dans une petite ville. Vous pouvez néanmoins vous souvenir, que des circonstances particulieres ayant obligé vos magistrats il y a quelques années de permettre dans la ville même de Genève un spectacle public, on ne s'apperçut point de l'inconvénient dont il s'agit, ni de tous ceux que vous faites craindre. Cependant quand il seroit vrai que la recette journaliere ne suffiroit pas à l'entretien du spectacle, je vous prie d'observer que la ville de Genève est à proportion de son étendue, une des plus riches de l'Europe ; et j'ai lieu de croire que plusieurs citoyens opulens de cette ville, qui desireroient d'y avoir un théatre, fourniroient sans peine à une partie de la dépense ; c'est du moins la disposition où plusieurs d'entr'eux m'ont paru être, et c'est en conséquence que j'ai hazardé la proposition qui vous allarme. Cela supposé, il seroit aisé de répondre en deux mots à vos autres objections. Je n'ai point prétendu qu'il y eût à Genève un spectacle tous les jours ; un ou deux jours de la semaine suffiroient à cet amusement, et on pourroit prendre pour un de ces jours celui où le peuple se repose ; ainsi d'un côté le travail ne seroit point ralenti, de l'autre la troupe pourroit être moins nombreuse, et par conséquent moins à charge à la ville ; on donneroit l'hyver seul à la comédie, l'été aux plaisirs de la campagne, et aux exercices militaires dont vous parlez. J'ai peine à croire aussi qu'on ne pût remédier par des lois séveres aux allarmes de vos ministres sur la conduite des comédiens, dans un état aussi petit que celui de Genève, où l'oeil vigilant des magistrats peut s'étendre au même instant d'une frontiere à l'autre, où la législation embrasse à la fois toutes les parties, où elle est enfin si rigoureuse et si bien exécutée contre les désordres des femmes publiques, et même contre les désordres secrets. J'en dis autant des lois somptuaires, dont il est toujours facile de maintenir l'exécution dans un petit état : d'ailleurs la vanité même ne sera guere intéressée à les violer, parce qu'elles obligent également tous les citoyens, et qu'à Genève les hommes ne sont jugés ni par les richesses, ni par les habits. Enfin rien, ce me semble, ne souffriroit dans votre patrie de l'établissement d'un théatre, pas même l'yvrognerie des hommes et la médisance des femmes, qui trouvent l'une et l'autre tant de faveur auprès de vous. Mais quand la suppression de ces deux derniers articles produiroit, pour parler votre langage, un affoiblissement d'état, je serois d'avis qu'on se consolât de ce malheur. Il ne falloit pas moins qu'un philosophe exercé comme vous aux paradoxes, pour nous soutenir qu'il y a moins de mal à s'enyvrer et à médire, qu'à voir représenter Cinna et Polyeucte. Je parle ici d'après la peinture que vous avez faite vous-même de la vie journaliere de vos citoyens ; et je n'ignore pas qu'ils se récrient fort contre cette peinture ; le peu de séjour, disent-ils, que vous avez fait parmi eux, ne vous a pas laissé le tems de les connoître, ni d'en fréquenter assez les différens états ; et vous avez représenté comme l'esprit général de cette sage république, ce qui n'est tout au plus que le vice obscur et méprisé de quelques sociétés particulieres.

Au reste vous ne devez pas ignorer, monsieur, que depuis deux ans une troupe de comédiens s'est établie aux portes de Genève, et que Genève et les comédiens s'en trouvent à merveille. Prenez votre parti avec courage, la circonstance est urgente et le cas difficile. Corruption pour corruption, celle qui laissera aux genevois leur argent dont ils ont besoin, est préférable à celle qui le fait sortir de chez eux.

Je me hâte de finir sur cet article dont la plupart de nos lecteurs ne s'embarrassent guere, pour en venir à un autre qui les intéresse encore moins, et sur lequel par cette raison je m'arrêterai moins encore. Ce sont les sentimens que j'attribue à vos ministres en matiere de religion. Vous savez, et ils le savent encore mieux que vous, que mon dessein n'a point été de les offenser ; et ce motif seul suffiroit aujourd'hui pour me rendre sensible à leurs plaintes, et circonspect dans ma justification. Je serois très-affligé du soupçon d'avoir violé leur secret ; surtout si ce soupçon venoit de votre part ; permettez-moi de vous faire remarquer que l'énumération des moyens par lesquels vous supposez que j'ai pu juger de leur doctrine, n'est pas complete. Si je me suis trompé dans l'exposition que j'ai faite de leurs sentimens (d'après leurs ouvrages, d'après des conversations publiques où ils ne m'ont pas paru prendre beaucoup d'intérêt à la trinité ni à l'enfer, enfin d'après l'opinion de leurs concitoyens, et des autres églises réformées) tout autre que moi, j'ose le dire, eût été trompé de même. Ces sentimens sont d'ailleurs une suite nécessaire des principes de la religion protestante ; et si vos ministres ne jugent pas à propos de les adopter ou de les avouer aujourd'hui, la logique que je leur connois doit naturellement les y conduire, ou les laissera à moitié chemin. Quand ils ne seroient pas sociniens, il faudroit qu'ils le devinssent, non pour l'honneur de leur religion, mais pour celui de leur philosophie. Ce mot de sociniens ne doit pas vous effrayer : mon dessein n'a point été de donner un nom de parti à des hommes dont j'ai d'ailleurs fait un juste éloge ; mais d'exposer par un seul mot ce que j'ai cru être leur doctrine, et ce qui sera infailliblement dans quelques années leur doctrine publique. à l'égard de leur profession de foi, je me borne à vous y renvoyer et à vous en faire juge ; vous avouez que vous ne l'avez pas lue, c'étoit peut-être le moyen le plus sûr d'en être aussi satisfait que vous me le paroissez. Ne prenez point cette invitation pour un trait de satyre contre vos ministres ; eux-mêmes ne doivent pas s'en offenser ; en matiere de profession de foi, il est permis à un catholique de se montrer difficile, sans que des chrétiens d'une communion contraire puissent légitimement en être blessés. L'église romaine a un langage consacré sur la divinité du verbe, et nous oblige à regarder impitoyablement comme ariens tous ceux qui n'emploient pas ce langage. Vos pasteurs diront qu'ils ne reconnoissent pas l'église romaine pour leur juge ; mais ils souffriront apparemment que je la regarde comme le mien. Par cet accommodement nous serons réconciliés les uns avec les autres, et j'aurai dit vrai sans les offenser. Ce qui m'étonne, monsieur, c'est que des hommes qui se donnent pour zélés défenseurs des vérités de la religion catholique, qui voient souvent l'impiété et le scandale où il n'y en a pas même l'apparence, qui se piquent sur ces matieres d'entendre finesse et de n'entendre point raison, et qui ont lu cette profession de foi de Genève, en ayent été aussi satisfaits que vous, jusqu'à se croire même obligés d'en faire l'éloge. Mais il s'agissoit de rendre tout à la fois ma probité et ma religion suspectes ; tout leur a été bon dans ce dessein ; et ce n'étoit pas aux ministres de Genève qu'ils vouloient nuire. Quoi qu'il en soit, je ne sai si les ecclésiastiques genevois que vous avez voulu justifier sur leur croyance, seront beaucoup plus contens de vous qu'ils l'ont été de moi, et si votre molesse à les défendre leur plaira plus que ma franchise. Vous semblez m'accuser presque uniquement d'imprudence à leur égard ; vous me reprochez de ne les avoir point loués à leur maniere, mais à la mienne, et vous marquez d'ailleurs assez d'indifférence sur ce socinianisme dont ils craignent tant d'être soupçonnés. Permettez-moi de douter que cette maniere de plaider leur cause les satisfasse. Je n'en serois pourtant point étonné, quand je vois l'accueil extraordinaire que les dévots ont fait à votre ouvrage. La rigueur de la morale que vous prêchez les a rendus indulgens sur la tolérance que vous professez avec courage et sans détour. Est-ce à eux qu'il faut en faire honneur, ou à vous, ou peut-être aux progrès inattendus de la philosophie dans les esprits même qui en paroissoient les moins susceptibles ? Mon article Genève n'a pas reçu de leur part le même accueil que votre lettre ; nos prêtres m'ont presque fait un crime des sentimens hétérodoxes que j'attribuois à leurs ennemis. Voilà ce que ni vous ni moi n'aurions prévu ; mais quiconque écrit, doit s'attendre à ces légeres injustices, heureux quand il n'en essuie point de plus graves.

Je suis, avec tout le respect que méritent votre vertu et vos talens, et avec plus de vérité que le Philinte de Moliere, Monsieur, votre très-humble et très-obéissant serviteur,

D'Alembert.

ISBN : 978-1515346289

www.ingramcontent.com/pod-product-compliance
Lightning Source LLC
Chambersburg PA
CBHW070353300526
45791CB00025B/2136